BEI GRIN MACHT SICH IHR WISSEN BEZAHLT

Bibliografische Information der Deutschen Nationalbibliothek:

Die Deutsche Bibliothek verzeichnet diese Publikation in der Deutschen National-
bibliografie; detaillierte bibliografische Daten sind im Internet über http://dnb.d-
nb.de/ abrufbar.

Impressum:

Copyright © 2002 GRIN Verlag, Open Publishing GmbH
Druck und Bindung: Books on Demand GmbH, Norderstedt Germany
ISBN: 9783638746557

Dieses Buch bei GRIN:

http://www.grin.com/de/e-book/10120/operantes-konditionieren-eine-form-des-
lernens

Yvonne Decker

Operantes Konditionieren - eine Form des Lernens

GRIN Verlag

GRIN - Your knowledge has value

Der GRIN Verlag publiziert seit 1998 wissenschaftliche Arbeiten von Studenten, Hochschullehrern und anderen Akademikern als eBook und gedrucktes Buch. Die Verlagswebsite www.grin.com ist die ideale Plattform zur Veröffentlichung von Hausarbeiten, Abschlussarbeiten, wissenschaftlichen Aufsätzen, Dissertationen und Fachbüchern.

Besuchen Sie uns im Internet:

http://www.grin.com/

http://www.facebook.com/grincom

http://www.twitter.com/grin_com

OPERANTES KONDITIONIEREN

Hausarbeit für das Hauptseminar „Lernen in Alltagssituationen"

vorgelegt von:

Yvonne Decker

Wintersemester 2001/2002

INHALTSVERZEICHNIS

1. BEGRIFFSKLÄRUNG / VERSCHIEDENE TERMINOLOGIEN

Da sich in der Literatur bisher noch keine einheitliche Terminologie durchgesetzt hat, spricht man bei dieser Art von Lernen entweder von **Lernen am Erfolg**, von **instrumentellem Lernen** oder von **operantem Konditionieren**.

Der Begriff Lernen am Erfolg wurde vorallem durch Thorndike (1898) geprägt, der Experimente zur Erforschung des Lernens durchführte. Bei seinen Experimenten brachte er Versuchstiere in eine Problemsituation. Die Tiere versuchten sich durch Ausprobieren einer Anzahl von Reaktionen aus ihrer Situation zu befreien. Diejenige Verhaltensweise, die hierbei zum Erfolg führte, wurde im Anschluss beibehalten und in ähnlichen Situationen erneut angewandt. (vgl. Edelmann, 2000, S. 66) Thorndike entdeckte in diesem Zusammenhang das Prinzip der Verstärkungstheorien. Mit ´Lernen am Erfolg` ist hier gemeint, dass „der Erfolg eines Verhaltens darüber entscheidet, ob es in Zukunft häufiger auftritt, also gelernt wird." (Edelmann, 2000, S. 68)

Was den Begriff des instrumentellen Lernens anbelangt, so wurde dieser hauptsächlich von Skinner , aber auch von Thorndike geprägt. Auch Skinner führte hierzu verschiedene Experimente mit Tieren zur Erforschung dieser Art des Lernens durch. Skinner wartete allerdings nicht ab, „bis die Versuchstiere zufällig die erwünschte Verhaltensweise zeigten." (Edelmann, 2000, S. 66) Mittels der von ihm konstruierten „Skinner-Box" wurde bei seinen Experimenten „jede minimale Verhaltensänderung in Richtung Endverhalten gleich verstärkt." (Edelmann, 2000, S. 66) Von instrumentellem Lernen ist hier die Rede, „weil das Verhalten das Instrument oder Mittel ist, das die entsprechende Konsequenz hervorruft." (Edelmann, 2000, S. 69)

Zuletzt spricht man noch vom Begriff des operanten Konditionierens. Dieser Begriff geht weitgehend auf Skinner zurück. Hierbei beschreibt Skinner „die (experimentellen) Bedingungen für die Veränderung der Auftretenswahrscheinlichkeit eines Verhaltens." (Edelmann, 2000, S. 67) Unter „bestimmten Bedingungen (Konditionen), nämlich je nach Art der Konsequenzen, [wird] die Auftretenswahrscheinlichkeit dieser Verhaltensweise (des Operanten) erhöht oder gesenkt". (Edelmann, 2000, S. 68f.)

Im Folgenden wird in dieser Arbeit auschließlich der Begriff des operanten Konditionierens verwandt.

Die einem Verhalten dargebotenen Konsequenzen können auch als Reize bezeichnet werden, die über die zukünftige Auftretenswahrscheinlichkeit eines Verhaltens entscheiden können.

Im Zusammenhang mit operantem Konditionieren spielt der Begriff der **Kontingenz** eine große Rolle. Hierbei handelt es sich um eine Art „Wenn-dann-Beziehung". (Edelmann, 2000, S. 68) Dieser zentrale Begriff des operanten Konditionierens meint „die Regelmäßigkeit (genauer: hoher Grad an

Wahrscheinlichkeit) [...], mit der Umweltereignisse von einer bestimmten Verhaltensweise der Person abhängen." (Edelmann, 2000, S. 68)

2. GRUNDBEGRIFFE DES OPERANTEN KONDITIONIERENS

2.1 Verschiedene Arten von Konsequenzen

Man unterscheidet beim operanten Konditionieren zwischen vier Formen.

Zu diesen gehören zunächst die positive und die negative Verstärkung, dann die Bestrafung und zuletzt die Löschung.

Eine Verstärkung soll allgemein die Wahrscheinlichkeit des Aufbaus eines bestimmten Verhaltens erhöhen, wohingegen die Bestrafung und die Löschung zum Abbau einer Verhaltensweise beitragen bzw. führen sollen.

Die Begriffe 'positiv' und 'negativ' sind in diesem Zusammenhang nicht als wertend zu verstehen. Der Begriff „ „positiv" meint hier Darbietung oder Auftreten einer Konsequenz". (Edelmann, 2000, S. 69) Unter „negativ" versteht man dann „Entzug oder Verschwinden" (Edelmann, 2000, S. 69) einer Konsequenz.

Alle genannten Konsequenzen werden im späteren Verlauf noch näher erläutert.

2.2 Motivation und Situation

Nicht nur die vier verschiedenen Formen des operanten Konditionierens sind für die erfolgreiche Durchführung einer Verhaltensänderung verantwortlich. Ein Verhaltensauf- bzw. abbau ist immer motivationsadäquat und situationsabhängig. Damit ist gemeint, dass die Person, bei der eine Verhaltensänderung herbeigeführt werden soll, zunächst einmal motiviert sein muss, den Aufforderungscharakter der nachfolgenden Konsequenzen zu realisieren. (vgl. Edelmann, 2000, S.71)

„Bei der Verstärkung handelt es sich um Konsequenzen, die zur Befriedigung eines Bedürfnisses (Motivs) führen, und bei der Bestrafung um Konsequenzen, die die Frustration eines Bedürfnisses (Motivs) zur Folge haben." (Edelmann, 2000, S. 71)

Was den Begriff der Situationsabhängigkeit anbelangt, so ist damit gemeint, dass ein Lernprozess immer unter bestimmten situativen Bedingungen stattfindet. Dies hat zur Folge, dass das herbeigeführte Verhalten später auch nur in ähnlichen Situationen gezeigt wird.

Begründet ist dies in den Reizen, die dem Verhalten vorangehen. Diese haben eine Art Signalcharakter, da sie signalisieren, „welcher Art die nachfolgenden Konsequenzen sein werden." (Edelmann, 2000, S. 72)

Hierbei kann man manche Reize als spezielle Hinweisreize identifizieren, doch in Alltagssituationen gelingt dies oftmals nicht. In diesen Fällen spricht man dann eher vom spezifischen Charakter einer komplexen Situation, der über das Auftreten bzw. die Unterdrückung einer Verhaltensweise bestimmt (vgl. Edelmann, 2000, S. 72).

Da folglich beim operanten Konditionieren ein „**Transfer** (Übertragung des Gelernten auf neue Situationen)" (Edelmann, 2000, S. 73) nur in geringem Maße möglich ist, spricht man hier von einem relativ starren und gewohnheitsmäßigen Verhalten, dessen Auftretenswahrscheinlichkeit „von der Stärke der Motivation und von der Ähnlichkeit der neuen Situation mit der ursprünglichen Lernsituation" (Edelmann, 2000, S. 73) abhängt.

Viele Verhaltensweisen, die wir im Alltag anwenden sind routiniert und erfordern kaum noch ein Mitdenken. Daher stellt dieses gewohnheitsmäßige und routinierte Verhalten auch eine erhebliche Erleichterung zur Bewältigung unserer alltäglichen Tätigkeiten dar. „Man stelle sich vor, wir müssten im Laufe eines Tages alle Tätigkeiten mit einem hohen Ausmaß an Bewusstheit steuern!" (Edelmann, 2000, S. 75) Doch gewohnheitsmäßiges Verhalten findet sich nicht nur in positiver Erleichterung der Alltagsaufgaben, auch hinter schlechten Angewohnheiten steckt oftmals gewohnheitsmäßiges Verhalten.

3. DIE VERSTÄRKUNG

3.1 Verschiedene Arten von positiver Verstärkung

Positive Verstärkung meint, dass einem Verhalten eine angenehme Konsequenz bzw. ein angenehmer Reiz dargeboten wird.

Wenn ein Kind beispielsweise eine gute Note in einer Klassenarbeit geschrieben hat und die Eltern es dafür ausgiebig loben, so wäre dies eine Form der positiven Verstärkung. Die Eltern wollen, dass ihr Kind auch in Zukunft gute Noten schreibt und verstärken diese Verhaltensweise, indem sie es loben.

Wie bereits erwähnt soll die Auftretenswahrscheinlichkeit eines Verhaltens mittels Verstärkern erhöht werden. Doch auch bei Verstärkern unterscheidet man wieder zwischen vier verschiedenen Arten von Verstärkern.

Zunächst einmal gibt es die sogenannten **materiellen Verstärker**. Zu diesen gehören z.B. jegliche Arten von Spielsachen oder anderen kleinen Geschenken.

Die zweite Art der Verstärker sind **soziale Verstärker**. Im sprachlichen Bereich treten soziale Verstärker in Form von lobenden Ausdrücken wie z.B. 'das hast du aber toll gemacht' oder 'sehr schön' usw. auf. Im nichtsprachlichen Bereich spricht man von sozialen Verstärkern, wenn es sich um anerkennende Gesten oder bestärkende Mimik handelt. Diese werden z.B. in einem netten, aufbauenden Lächeln oder auch in einem Schulterklopfen deutlich.

Eine weitere Form von Verstärkern zeigt sich in **Aktivitätsverstärkern**. Hiermit sind diejenigen Verstärker gemeint, die beliebte Tätigkeiten beinhalten,wie z.B. ins Kino gehen, einem Hobby nach zu gehen oder auch sich mit Freunden zu treffen.

An letzter Stelle sind noch die **informativen Verstärker** zu nennen. Diese Art von Verstärkern vermittelt dem Lerner eine Information über die Erreichung eines Ziels. Darunter ist z.B. die richtige Lösung einer Schulaufgabe oder auch jegliche Art von bestärkender Selbstkontrolle zu verstehen.

Welcher Verstärker jeweils die beste Wirkung erzielt, ist auch wiederum motivationsadäquat. Es hängt vom Interesse und der Motivation des Lernenden ab, auf welche Art von Verstärkung man zurückgreifen sollte.

3.2 Verschiedene Arten von negativer Verstärkung

Bei der negativen Verstärkung geht es darum, dass dem Verhalten das Verschwinden einer unangenehmen (aversiven) Konsequenz bzw. eines aversiven Reizes folgt.

Um auch hierzu ein Beispiel anzuführen, könnte man den obigen Fall so umstellen, dass die Eltern ihr Kind nicht für die gute Note loben, sondern dass dem Kind z.B. die Verrichtung der Hausarbeit erlassen wird. Die Hausarbeit stellt für das Kind einen aversiven Reiz dar, der wegfällt, wenn das Kind gute Noten schreibt.

Bei der negativen Verstärkung lassen sich generell zwei Formen unterscheiden. Dazu gehört zunächst einmal das sogenannte **Fluchtlernen**. Davon „sprechen wir, wenn die Person direkt mit dem aversiven Ereignis konfrontiert wird und Maßnahmen ergreift, diesem zu entkommen." (Edelmann, 2000, S. 83)

Die zweite Form der negativen Verstärkung ist das **Vermeidungslernen**. Dieser Fall „liegt vor, wenn eine Person durch einen Signalreiz gewarnt, rechtzeitig Vorsorge trifft, um das aversive Ereignis vorbeugend zu vermeiden." (Edelmann, 2000, S. 83)

Allgemein bleibt zu sagen, dass man „die negative Verstärkung als Zwang begreifen [kann], d.h. sie hat Gebotscharakter. (Edelmann, 2000, S. 89)

3.3 Zeitpunkt der Verstärkung und verschiedenen Verstärkungspläne

Generell ist erwiesen, dass jegliche Art von Verstärkung ihre beste Wirkung erzielt, wenn sie dem Verhalten unmittelbar folgt. (vgl. Edelmann, 2000, S. 77)

Logisch begründet ist dies in der bereits erwähnten Kontingenz, also im Zusammenhang von Verhalten und Konsequenz.

Skinner untersuchte daher in seinen Experimenten mit Tieren auch die Auswirkungen vielerlei Verstärkungspläne. „Für menschliches Lernen in Alltagssituationen sind allerdings nur einige Ergebnisse wichtig." (Edelmann, 2000, S. 77) Im Zusammenhang mit der positiven Verstärkung lassen sich daher zwei Grundmuster von Verstärkungen unterscheiden:

Man spricht zum einen von der **Immerverstärkung** (kontinuierliche Verstärkung) und zum andern von der **Intermittierenden Verstärkung** (gelegentliche Verstärkung).

Bei der Immerverstärkung wird jede Reaktion in Richtung gewünschtem Endverhalten verstärkt, was letztendlich zwar zu einem schnellen Verhaltensaufbau, aber gleichzeitig auch zu einem geringeren Löschungswiderstand beiträgt. (vgl. Steiner, 2001, S. 67)

Bei der intermittierenden Verstärkung hingegen wird nicht jede Reaktion verstärkt. Hiebei sind zwei verschiedene Verstärkungspläne erwähnenswert.

Man spricht von einen **Intervallplan,** bei dem z.b. jeweils das erste erwünschte Verhalten in einem zuvor festgelegten Zeitintervall verstärkt wird. Bei Skinners Versuchen mit Tauben würde dies bedeuten, dass eine Taube, wenn sie z.B. zum ersten Mal nach drei Minuten auf eine Scheiben pickt, Futter erhält und somit ihr Verhalten verstärkt wird. Die Futterzugabe erfolgt dann jeweils wieder nach drei Minuten, wenn die Taube erneut auf die Scheibe pickt. (vgl. Steiner, 2001, S. 68)

Der zweite bedeutende Plan ist der sogenannte **Quotenplan.** Bei diesem wird beispielsweise einer Verhältniszahl entsprechend (z.B. am Anfang 3:1 und später dann 50:1) jeweils nur das zum soundsovielten Mal gezeigte erwünschte Verhalten verstärkt. Auf den Fall der Taube bezogen würde dies bedeuten, dass die Taube z.B. nach jedem 20. Picken mit Futter verstärkt wird. (vgl. Steiner, 2001, S. 68 f.)

Generell ist es allerdings beim Erlernen einer neuen Verhaltensweise ratsam, das Verhalten anfangs immer zu verstärken. Später geht man dann zur Quotenverstärkung mit variabler Quote über. Die Quote wird hierbei mit der Zeit immer mehr erhöht und die Verstärkung somit allmählich gesenkt.

Wenn ein Verhalten unter bestimmten Bedingungen (z.B. in einer bestimmten Situation) verstärkt wird, unter anderen allerdings nicht, so tritt dieses Verhalten auch in der Zukunft nur noch unter diesen Bedingungen auf. Der Reiz, bei dem die Verstärkung erfolgt ist, wird als **diskriminierender Reiz** bezeichnet und er kann in Zukunft eine Reizkontrolle über das Verhalten ausüben.

4. DIE BESTRAFUNG

4.1 Verschiedene Arten von Bestrafung

Zunächst einmal ist in Bezug auf die Bestrafung zu erwähnen, dass sich diese theoretisch ebenfalls in positive und negative Bestrafung gliedert. Jedoch stellt sich hier die Frage, „ob „Privilegienentzug" (z.B. nicht fernsehen dürfen) oder „sozialer Ausschluss" (z.b. Kind aus dem Zimmer schicken) nicht doch als Darbietung aversiver Konsequenzen aufgefasst werden müssen." (Edelmann, 2000, S. 69) Unter Bestrafung werden im Folgenden also „alle Verhaltensweisen zusammengefasst, denen irgendwie aversiv erlebte Konsequenzen folgen." (Edelmann, 2000, S. 69)

Um auch hierzu ein Beispiel an zu führen, könnte man das vorherige Beispiel zur Verstärkung umkehren. Wenn also ein Kind in der Schule permanent schlechte Noten schreibt und die Eltern dieses Verhalten ändern wollen, so könnten sie dies evtl. erreichen, indem sie dem Kind mit Fernsehverbot drohen oder ihm zusätzliche Hausarbeit aufbürden.

Wie bereits erwähnt soll folglich mit der Bestrafung die Auftretenswahrscheinlichkeit einer Verhaltensweise verringert werden, bzw. eine „Schwächung oder Unterdrückung des betreffenden Verhaltens" (Edelmann, 2000, S. 89) herbei geführt werden.

Vom aversiven Strafreiz wird also eine negative emotionale Reaktion ausgelöst, die das Verhalten beeinflusst und so dessen Auftretenswahrscheinlichkeit hemmt. (vgl. Edelmann, 2000, S. 89)

„Diese negative emotionale Reaktion kann häufig als Angst aufgefasst werden, so dass wir sagen können: Die Bestrafungswirkung besteht in der Hemmung oder Unterdrückung des instrumentellen Verhaltens durch Angstmachen." (Edelmann, 2000, S. 89)

4.2 Wirksamkeit und Nebenwirkungen der Bestrafung

Zur Wirksamkeit der Strafreize bleibt zu sagen, dass diese lediglich erfolgreich sind, wenn die uner-wünschte Verhaltensweise nicht besonders stabil ist, bzw. keine besonders starke Motivation zu ihrer Ausführung besteht. Zudem muss der Strafreiz möglichst direkt auf das Verhalten folgen und am Anfang auch immer gezeigt werden. Außerdem ist es doch ratsam, dass ein alternatives Verhalten dargeboten werden kann, welches dann positiv verstärkt wird. (vgl. Edelmann, 2000, S. 90)

Betrachtet man sich diese Gesichtspunkte nun genauer, so erscheint es doch, nicht zuletzt auch aus ethischen Gründen, äußerst schwierig sie auch immer zu gewährleisten. Diese Tatsache macht die Bestrafung allgemein schwer realisierbar.

Auch in Anbetracht der Nebenwirkungen sollte man sich stets überlegen, ob es sinnvoll ist, eine Verhaltensänderung mittels Bestrafung durchzuführen. So besteht z.B. die Gefahr, dass nicht nur die erlebte Konsequenz als aversiv aufgefasst wird, sondern beispielsweise auch die Person, welche die aversive Konsequenz ausgeführt hat. „Auf diese Weise kann die soziale Beziehung zwischen bestraftem Individuum und strafender Person gestört werden" (Edelmann, 2000, S. 91).

„Allgemein anerkannt ist die These, dass Strafen sparsam verabreicht werden sollten, da die Gefahr der Angstgeneralisierung besteht." (Edelmann, 2000, S. 93)

5. DIE LÖSCHUNG UND DAMIT VERBUNDENE SCHWIERIGKEITEN

Zuletzt ist noch diejenige Form des operanten Konditionierens zu erwähnen, die man als Löschung bezeichnet. Hierbei folgen einem Verhalten weder angenehme noch unangenehme Konsequenzen. Man versucht also eine Verhaltensänderung durch konsequente Nichtbeachtung der Verhaltensweise herbei zu führen. Im Gegensatz zur Bestrafung signalisiert hier kein Hinweisreiz das Ausbleiben positiver Verstärkung. Daher treten auch die bei der Bestrafung angeführten Nebenwirkungen nicht ein.

Doch auch bei der Realisierung dieser Form des operanten Konditionierens finden sich einige Schwierigkeiten. Wenn ein Kind beispielsweise in der Schule unerwünschte Verhaltensweisen wie permanentes Stören zeigt, und die Lehrperson diese mittels Löschung, also Nichtbeachtung des Verhaltens, zu ändern versucht, dann spielen beim Gelingen dieser Änderung auch noch andere Faktoren mit ein. Wenn nun die Mitschüler über das Verhalten des Schülers lachen und es somit mit Aufmerksamkeit belohnen, so ist die Wahrscheinlichkeit, dass sich am Verhalten des Schülers etwas ändert, sehr gering.

Außerdem ist es auch möglich, Verhalten durch Selbstverstärkung aufrecht zu erhalten. Als zusätzlicher Störfaktor gilt die Tatsache, dass bei einer Löschung oftmals zu beobachten ist, „dass die Verhaltensrate zunächst ansteigt" (Edelmann, 2000, S. 93) und erst nach einiger Zeit konsequenter Nichtbeachtung abschwächt.

Allerdings wird die „Wirksamkeit der Löschung [...] ganz analog zur Bestrafungswirkung noch erhöht, wenn gleichzeitig ein mit dem unerwünschten Verhalten unvereinbares (inkompatibles) Verhalten aufgebaut wird. Das unerwünschte Verhalten wird dann durch ein erwünschtes abgebaut." (Edelmann, 2000, S. 94)

6. WECHSELSEITIGE LERNPROZESSE

In den bisher angeführten Beispielen hat immer nur eine Person die Konsequenzen ihres Verhaltens erfahren. „In sozialen Situationen kommt es aber häufig zu wechselseitigen Lernprozessen." (Edelmann, 2000, S. 95) Damit ist gemeint, dass sich operantes Konditionieren auch auf mehrere Personen gleichzeitig und doch in unterschiedlicher Weise auswirken kann.

Wenn in einer Schulklasse z.B. Unruhe herrscht und die Lehrperson dies unterbinden will, indem sie laut auf den Tisch schlägt, kann dies dazu beitragen, dass beide Seiten etwas daraus lernen.

Im Idealfall lernen die Schüler, dass sie sich künftig ruhig verhalten, so dass diese Strafe nicht mehr angewandt werden muss, und die Lehrperson lernt daraus evtl., dass ihr Verhalten erfolgreich war und sie es in ähnlichen Situationen wieder zeigen wird, um die Schüler zu Ruhe auf zu fordern.

(vgl. Edelmann, 2000, S. 95)

Anhand dieses Beispiels wird sehr deutlich, dass auf der Seite des Lehrers eine negative oder evtl. auch positive Verstärkung stattgefunden hat, wohingegen auf Seiten der Schüler doch ganz klar die Form der Bestrafung, die zu einem Verhaltensabbau führen soll, vorliegt. Daran sieht man, dass man mit einer Konsequenz unterschiedliche Verhaltensänderungen bei verschiedenen Personen hervorrufen kann.

7. REFLEXION ÜBER DIE ANWENDBARKEIT UND BEDEUTUNG DES THEMAS IM ALLTAG

Zunächst einmal erscheint es mir wichtig, nochmals auf die Nebenwirkungen und die Gefahren der Bestrafung ein zu gehen. In vielen Alltagssituationen und besonders im Schulalltag erscheint einem manchmal die Konsequenz einer Bestrafung als einziges Mittel ein Verhalten zu ändern. Vielen Menschen ist darüber hinaus gar nicht mehr bewusst, dass es auch eine Vielzahl an Alternativen gibt, die nicht von Anfang an in Verbindung mit einer Art Zwang stehen. An zahlreichen Alltagsbeispielen wird aber immer noch deutlich, wie viel wir Menschen doch durch Zwang erreichen wollen und wie wenig wir über positive Verstärkung versuchen. Man betrachte doch nur einmal das Bild eines Schülers, der schlechte Noten mit nach Hause bringt. Im Normalfall wird dieser Schüler sofort Ärger mit den Eltern bekommen, ihm werden Strafen angedroht und es lastet ein enormer Druck auf ihm. Er ist völlig überfordert von den Erwartungen, die von den Eltern und auch von der Gesellschaft im Allgemeinen an ihn gestellt werden. Viel zu wenigen Menschen ist es klar, dass in solch einem Fall zunächst einmal eine kleine Änderung in Richtung gewünschtem Endverhalten erreicht werden muss. Verstärkt man also bei solch einem Schüler schon die geringste Besserung, indem man ihn lobt oder Anerkennung für seine Leistung zeigt, auch wenn diese noch lange nicht perfekt ist, so stellt dies für den Schüler schon einen Erfolg dar und er sieht darin evtl. einen Ansporn.

Operantes Konditionieren wird auch als 'Lernen am Erfolg' bezeichnet und ich denke, dass man hierbei nicht nur die ganz großen Erfolge beachten sollte, sondern eben bei den kleinen Erfolgen anfangen muss, die sich somit immer mehr steigern können. Man muss sich wieder mehr bewusst machen welche Möglichkeiten einem gegeben sind, um eine Verhaltensänderung herbei zu führen. Und gerade was das Thema Strafen anbelangt, so muss man sich auch immer die weit reichenden Konsequenzen vor Augen halten, die eine Strafe hervorrufen kann.

Gerade jetzt nach den neuesten Erkenntnissen der Pisa–Studie muss man sich doch die Frage stellen, ob man wirklich eine Änderung in der Gesellschaft bzw. im Schulsystem erreicht, wenn man den Druck an den Schulen erhöht und noch mehr Leistung fordert. Ich denke, dass man langfristig mit noch mehr Strafen und noch mehr Zwang keine Änderungen herbei führen kann, die sich dann letztendlich auch positiv auf das Zusammenleben und das Miteinander innerhalb der Gesellschaft auswirken. Natürlich gibt es Situationen, in denen man auf Strafe nicht verzichten kann, allerdings dürfen Strafen und Zwangsmaßnahmen nicht unüberlegt angewandt werden und vorallem dürfen sie nicht als Norm gelten. Abgesehen von den möglichen Nebenwirkungen ist auch erwiesen, dass ein Verhalten nicht durch Bestrafung, sondern durch positive Verstärkung am stabilsten aufgebaut wird.

8. LITERATURVERZEICHNIS

Edelmann, Walter (2000): **Lernpsychologie. Weinheim: Verlagsgruppe Beltz. S. 65-112**

Steiner, Gerhard (2001): **Lernen: zwanzig Szenarien aus dem Alltag. Verlag Hans Huber. S. 59-78**